NOTE

POUR

MM. HUNEBELLE frères et Julien LACROIX,

CONSTRUCTEURS DE CHEMINS DE FER,

CONTRE

la Compagnie du Chemin de fer de Paris à Lyon.

MM. Hunebelle et Lacroix demandent :

Ou une indemnité pour les travaux que la Compagnie a exigés en dehors de ceux compris dans le forfait ;

Ou le prix de tous les travaux exécutés évalués sur séries.

§ Ier.

L'indemnité qu'ils réclament a trois objets :

1° L'excédant des dépenses relatives aux pentes et aux courbes exécutées sur les ordres de la Compagnie contrairement aux conditions du marché ;

2° Le prix d'autres travaux exécutés en dehors du forfait ;

3° Le préjudice causé par les retards dans les paiements des à-compte dus ; et par les difficultés que la Compagnie a créées et la perte proportionnelle de la prime qui en a été la suite.

1859

1

PREMIER CHEF.

Pentes et Courbes.

Le texte sur lequel les entrepreneurs fondent le premier chef de leurs réclamations est clair et positif.

L'article 3 du traité du 24 février 1854 est ainsi conçu :

« *Les tracés que M. Lacroix adoptera devront être concer-* « *tés avec les ingénieurs de la Compagnie et approuvés par* « *cette dernière*, EN ADMETTANT TOUTEFOIS LES TOLÉRANCES AC- « CORDÉES PAR LE CAHIER DES CHARGES. »

Le cahier des charges spécial à la ligne de Besançon à Belfort dont les travaux font l'objet de la demande actuelle, dit, article 3 :

« 1° Le minimum du rayon des courbes est fixé à 350 mètres ;

« 2° Le maximum d'inclinaison des pentes et des rampes est fixé à dix millimètres par mètre.

La conclusion toute naturelle à tirer du rapprochement de ces dispositions, c'est que les entrepreneurs avaient le droit de faire des pentes jusqu'à 10 millimètres et des courbes d'un rayon de 350 mètres, et sont fondés à demander une indemnité représentative des dépenses supplémentaires que la Compagnie leur a occasionnées en se refusant à ce qu'ils usassent de cette tolérance.

La Compagnie conteste cependant cette conclusion.

Elle reconnaît que la prétention des demandeurs est fondée sur le texte des conventions ; on ne peut, en effet, nier l'évidence (voir le Mémoire de la Compagnie du 18 avril 1858) ; mais elle cherche à éluder l'application de ce texte par diverses raisons que nous allons examiner successivement :

1re *Objection*. — La Compagnie invoque l'article 2 de la première convention du 27 septembre 1853, dont l'article 2, § 2, porte que « malgré les tolérances accordées par le cahier des « charges, le constructeur n'abaissera le rayon des courbes au-

« dessous de 50 mètres que dans le cas où leur redressement le
« contraindrait à faire plus de 4,850 mètres courants de tunnels;
« quelesrampes ne dépasseront pas l'inclinaison de 5 millimètres
« par mètre, sauf aux abords des stations et dans certains cas
« exceptionnels. »

Réponse. — On ne conçoit pas que la Compagnie fasse une telle
objection ; le traité du 27 septembre 1853, qui contenait une renonciation partielle aux tolérances relatives aux courbes et aux
rampes accordées par le cahier des charges, a été suivi de celui
du 24 février 1854 dont nous avons rapporté textuellement l'article 3, qui réserve expressément ces tolérances au profit de l'entrepreneur. Il suffirait que ce dernier traité fût postérieur à celui
du 27 septembre pour qu'il dût prévaloir sur celui-ci pour ce qu'il
contient de dérogatoire ; mais il y a plus : les parties se sont positivement expliquées à cet égard ; elles ont déclaré dans la clause
générale du dernier traité qu'il « était bien entendu que les con-
« ditions de la *présente convention annulent* en tout *ce qui*
« *pourra leur être contraire toutes les dispositions* des traités
« antérieurs. »

C'est donc la dernière convention seule qui est obligatoire
pour les parties ; par suite, cette première objection doit être
écartée.

2ᵉ *Objection.* — La Compagnie dit que le cahier des charges
dont il est question dans l'article 3 de la convention du 24 février
est celui du chemin de fer de Dijon à Besançon.

Réponse. — Faut-il réfuter une pareille objection ? Peut-on
sérieusement soutenir que dans un traité ayant pour objet les travaux du chemin de Besançon à Belfort, en se référant au cahier
des charges, sans autre désignation, les parties ont voulu parler
du cahier des charges d'un autre chemin ? Peut-on surtout le soutenir lorsque les stipulations dont il s'agit sont relatives à des tolérances et que le cahier des charges, étranger à l'entreprise, que

la Compagnie prétend qu'on a entendu désigner, ne contient aucune tolérance?

Du reste, ce n'est qu'après avoir reconnu dans sa Note du 18 avril 1858 que l'interprétation de l'entreprise était commandée par le texte des conventions que la Compagnie, dans une Note postérieure, a voulu revenir sur cet aveu par l'équivoque que nous combattons. De pareils arguments ne peuvent arrêter le Tribunal.

3ᵉ *Objection*. — La Compagnie objecte ensuite que les parties n'ont pas eu l'intention de déroger à la convention du 27 septembre 1853, et que leur intention doit prévaloir sur le texte. Elle fait résulter cette intention de la forme de la stipulation et enfin de l'interprétation que les parties ont elles-mêmes donnée au contrat.

Reprenons chacun de ces arguments :

(*a*) Si la dérogation eût été, dit-on, dans l'intention des auteurs du traité du 24 février, ils n'auraient pas manqué de la stipuler expressément au lieu de la jeter dans une phrase incidente ajoutée comme correctif à l'intervention des ingénieurs de la Compagnie dans la préparation des projets.

Réponse. — La réserve de l'entrepreneur est aussi expresse que possible. Assurément, elle a été admise comme correctif. C'était une garantie nécessaire donnée au constructeur pour empêcher qu'il ne fût à la discrétion de la Compagnie ; l'ordre logique des idées appelait cette réserve où elle a été écrite par les parties. Qu'importe d'ailleurs le lieu et la forme ! ne suffit-il pas que les conventions existent?

Cette première raison ne prouve donc nullement que les parties n'ont pas eu l'intention de déroger au précédent traité.

(*b*) Il n'y avait aucun motif, dit la Compagnie, pour qu'elle renonçât à la clause relative aux rampes et aux courbes écrite dans le traité du 27 septembre ; M. Lacroix ne lui faisait aucune concession dans le traité du 24 février ; en effet, ajoute-t-elle, en accordant à la Compagnie le droit d'intervenir dans la préparation et rédaction des projets, ce dernier traité n'a fait que dire plus clairement ce qui était convenu dans le premier ; et pour les gares et stations les obligations de l'entreprise n'ont été que mieux précisées.

Réponse. — Pour prouver qu'il y a autre chose qu'une différence de rédaction entre les deux traités, citons d'abord les textes.

Traité du 27 septembre 1853 :

« Art. 2. Le constructeur se réserve le droit *de déterminer le*
« *tracé de détail comme il lui conviendra, ne prenant d'autre*
« *engagement que celui de le faire passer par les localités in-*
« *diquées plus haut*, et en se conformant du reste au cahier des
« charges et au tracé qui sera prescrit par l'État.

« Art. 8. *Le constructeur est mis purement et simplement*
« *aux lieu et place de la Compagnie vis-à-vis de l'État*, pour
« l'exécution de la partie du cahier des charges relative à la
« construction du chemin ; il dressera les plans qui seront pré-
« sentés par son ingénieur, sous l'agrément et avec l'attache de la
« Compagnie, il fera discuter les projets vis-à-vis du génie mili-
« taire, des autres services publics et des communes. *En un mot,*
« *il devra les défendre comme il l'entendra, la Compagnie le*
« *substituant à ses droits à cet égard.* . . . .
« Art. 9. . . . .
« Toutes les fois qu'un projet sera renvoyé à la Compagnie
« pour être revêtu de son attache et présenté à l'État, il devra lui
« être remis assez à temps pour que la Compagnie *puisse en faire*
« *prendre copie*, et si le dossier devait être transmis sans retard
« à l'administration, il devra être accompagné *d'une expédition*
« *destinée à la Compagnie.* . . . .
« . . . . . M. Lacroix ne pourra commencer aucun ouvrage

« sans que le double des plans ait été déposé à la Compagnie,
« avec le plan des ouvrages auxquels ils se rattachent.

« Même condition de fourniture de plans pour toutes les par-
« ties du matériel fixe.

« Le contrôle de la Compagnie fera exécuter les conditions
« portées au cahier des charges sur le chantier de l'entrepre-
« neur général ou des tâcherons; toutefois, la Compagnie n'aura
« que le droit de contrôler, et, en aucun cas, elle ne pourra
« donner d'ordres directs pour l'exécution de ces travaux.   .   .
« .   .   .   .

« L'ingénieur de la Compagnie aura le droit de surveiller ou de
« faire surveiller tous les travaux, sans l'autorisation spéciale de
« l'entrepreneur. »

Telle est la position faite à l'entrepreneur par le premier traité
du 27 septembre 1853.

Voici comment ce traité est apprécié par M. l'arbitre rapporteur, dont l'autorité, en matière de travaux, est bien connue du
Tribunal.

« Avec un pareil acte, dit le rapport, l'entrepreneur est tout,
la Compagnie n'est plus rien; elle a abdiqué et mis partout l'entrepreneur à son lieu et place; le seul droit, ou pour mieux dire,
la seule obligation que se réserve la Compagnie, à l'égard des projets, c'est de les revêtir de son attache, c'est-à-dire de les signer,
pour montrer qu'elle les a agréés avant de les envoyer au minis-
tre; et, en effet, elle a si peu le désir de les examiner, de les contrôler, qu'elle stipule avec soin, dans l'article 9, que si les plans
doivent être remis sans retard à l'administration, l'entrepreneur
doit l'envoyer en double, pour qu'au moins il reste une expédition à la Compagnie, qui n'aurait pas le temps de la faire faire. »
(Page 152 du Rapport.)

La Compagnie de Lyon n'a pas voulu accepter ces conditions;
elle leur a substitué celles-ci :

« Art. 3. Les tracés que M. Lacroix adoptera devront être
« *concertés* avec les ingénieurs de la Compagnie et approuvés par
« cette dernière, *en admettant toutefois les tolérances accordées*
« *par le cahier des charges;* il en sera de même des projets de
« détails relatifs à la construction des ouvrages d'art.

« Il est spécialement entendu que les fondations de tous les
« ouvrages d'art ne devront être exécutées que sur des projets
« approuvés par les ingénieurs de la Compagnie et sous leur sur-
« veillance.

« Art. 8. Le paragraphe de l'article 9 du traité du 27 septem-
« bre, qui donne à l'ingénieur de la Compagnie le droit de sur-
« veiller tous les travaux, etc., est et demeure supprimé; le droit
« de visiter et de surveiller les travaux de l'entrepreneur étant,
« pour les ingénieurs de la Compagnie de Lyon et leurs agents,
« un droit incontestable qui n'a pas besoin d'être écrit dans un
« traité. »

Ce traité ne fait-il que répéter ce qui avait été convenu dans
celui du 27 septembre 1853, en disant plus clairement ce qui
avait été déjà convenu, ainsi que le prétend la Compagnie?

On ne peut pas sérieusement le soutenir. « Dans le dernier traité,
dit M. l'arbitre rapporteur, il n'est plus dit un mot des droits du
constructeur; la plupart de ces droits sont annulés par une simple phrase qui dit que les traités et les projets de détails relatifs
aux ouvrages d'art devront être *concertés* avec les ingénieurs de
la Compagnie et approuvés par cette dernière; d'où il résulte que
le constructeur ne fera plus les tracés comme il lui convient,
mais comme il conviendra à la Compagnie; qu'il n'est plus au
lieu et place de la Compagnie, vis-à-vis de l'État, mais que la Compagnie a repris ses droits et est enfin rentrée en possession d'elle-
même.

« Le forfait de M. Lacroix était dans le premier cas une convention normale; il avait un prix invariable, mais il pouvait, puis-
qu'il disposait en maître des tracés et des travaux, régler et limiter

sa dépense ; dans le second, le prix reste encore invariable, mais c'est la Compagnie qui détermine la quantité de travail à faire comme il lui plaît, et qui fixe la limite de sa dépense sans autre règle que son intérêt. Position anormale, absurde, pour l'entrepreneur qui, neuf fois sur dix, doit se ruiner dans de pareilles conditions.

« D'ailleurs, si la Compagnie avait cru, comme elle le soutient aujourd'hui, que l'esprit des deux traités fût le même, comment aurait-elle pu se croire en droit d'intervenir dans les tracés, d'en étudier par elle-même ; de combattre vis-à-vis de l'Etat les tracés de M. Vernis, et d'y faire substituer ceux de son choix alors que le traité du 27 septembre dit si positivement que ce sont là les droits et priviléges de l'entrepreneur? (Rapport, page 153 et suivantes. »

La réserve que l'entrepreneur a faite dans le dernier traité d'user des tolérances de courbes et de pentes accordées par le cahier des charges avaient donc pour cause une concession sérieuse et des plus importantes faite au profit de la Compagnie.

Cette réserve avait encore pour cause une autre concession de la part de l'entrepreneur, c'est celle relative à la construction des stations.

Le traité du 12 février 1852, pour la construction du chemin de Dijon à Besançon, disait que les gares seraient construites sur le modèle et les dimensions de celles de Fontaine et de Chagny, sur le chemin de fer de Dijon à Chalon.

Celui du 27 septembre 1853, relatif au chemin de Besançon à Belfort, portait qu'une partie des gares (3ᵉ et 4ᵉ ordre) serait faite comme celles de Dijon à Besançon, par conséquent comme celles de Fontaine et de Chagny.

Dans le traité du 24 février, il fut dit que les gares des chemins de Dijon et de Besançon à Belfort seront construites conformément aux plans déposés dans les bureaux. Ces plans étant beaucoup plus dispendieux que les premiers types, ainsi que l'a prouvé une expertise contradictoire, il est résulté un excédant de dépenses considérable, 900,000 à 1,000,000 fr., pour laquelle il n'y aurait aucune compensation en faveur de l'entrepreneur, si on admettait que les tolérances relatives aux courbes et aux pentes n'ont pas été réservées par ce dernier.

La Compagnie dit, à la vérité, qu'elle a reconnu, dans le traité du 24 février, qu'elle était tenue de la construction des bâtiments pour le service du matériel et la traction, et que ce serait, dans tous les cas, un dédommagement suffisant du droit accordé par le constructeur à la Compagnie d'intervenir dans la fixation des tracés et la rédaction des projets.

A supposer que l'engagement de faire les bâtiments dont il s'agit pût être considéré comme une compensation sérieuse, il faudrait, pour que cette objection pût être faite, que le traité du 27 septembre eût imposé des constructions à l'entrepreneur ; mais c'est ce qui n'est pas, ainsi qu'on peut s'en convaincre par la lecture du traité du 27 septembre qui ne contient aucune obligation de cette nature. Aussi le traité du 24 février ne dit pas que M. Lacroix est exonéré de la construction des bâtiments du matériel ; il dit simplement que la Compagnie les fera à ses frais. La reconnaissance que fait la Compagnie que ces bâtiments sont à sa charge ne constitue donc aucune concession de sa part.

Ainsi le constructeur accordait des avantages considérables à la Compagnie par le traité du 24 février ; il devait exiger une compensation ; le contraire ne se concevrait même pas. Le sacrifice qu'il a dû demander en échange, c'est précisément le droit de pouvoir user de toutes les tolérances du cahier des charges, relativement aux courbes et aux pentes ; car, à ce moment, M. Lacroix avait déjà préparé et présenté à la Compagnie de Dijon à Besançon les deux premières sections du chemin de Belfort, et il avait acquis la certitude qu'il ne pouvait pas exécuter les travaux en maintenant les pentes de 0,005, sans subir des dépenses considérables; il avait même obtenu de la Compagnie de Dijon à Besançon, à raison de ces difficultés, l'autorisation de porter les pentes jusqu'à 0,008. Il était donc tout naturel que, faisant une concession énorme à la Compagnie, il profitât de la circonstance pour se faire conférer, à titre de droit, ce qui ne lui avait été accordé par la précédente Compagnie qu'à titre de tolérance.

Tous ces faits concordent donc à établir que l'intention qui a présidé au traité du 24 février est en parfait accord avec le texte de ce traité.

(c) La Compagnie prétend que des faits postérieurs à la convention du 24 février, résulte la preuve que l'entrepreneur n'a jamais eu l'intention de déroger aux conditions de pentes du marché du 27 septembre.

Elle se fonde d'abord sur ce que, après le refus de la Compagnie de Lyon d'accepter les projets des deux premières sections présentés par M. Vernis à la précédente Compagnie, dans lesquels une pente de 0,008 sur 1,300 mètres environ de longueur, avait été introduite à la sortie du souterrain de Chalezeule; cet ingénieur donna son adhésion à une variante proposée par elle, qui ne présentait plus que des pentes de 0,005. Elle en conclut que si M. Lacroix avait cru que le traité du 24 février lui donnait le droit de porter les pentes à 0,01, il aurait protesté contre les exigences de la Compagnie.

Rép. Il suffit de rappeler les faits pour réfuter cette objection. M. Vernis avait présenté les projets des deux premières sections à la Compagnie de Dijon à Besançon, à une époque où les parties étaient encore liées par le traité du 27 septembre 1853 qui n'autorisait que des pentes de 0,005, excepté aux abords des gares, et des courbes de 500 mètres de rayon, si la longueur des tunnels ne dépassait pas 4,850 mètres. En proposant une pente de 0,008, à raison de la difficulté du terrain, il excédait déjà la limite de son droit.

Lorsque la Compagnie de Lyon fut substituée à celle de Dijon à Besançon, les projets lui furent immédiatement remis par cette dernière, et avant que M. Lacroix eût eu le temps de faire de nouveaux projets, dans lesquels il aurait usé des tolérances de pentes et de courbes stipulées dans son nouveau traité, la Compagnie de Lyon lui fit savoir qu'elle ne voulait pas accepter la pente de 0,008 admise dans les projets, qu'elle entendait même que, dans le souterrain de Chalezeule, la pente de 0,005 fût réduite à 0,003.

Le 15 septembre 1854, M. Vernis écrivit à la Compagnie que ce qu'elle demandait coûterait beaucoup plus que le projet présenté, et que les modifications demandées étaient impossibles sans une augmentation notable de dépenses.

Il maintenait la pente de 8 millimètres et ajoutait dans son Mémoire (voyez page 17 du Rapport) : « En résumé, toutes ces mo-« difications sont largement dans les conditions du cahier des « charges, qui nous permet de descendre à 350 mètres et tolère « des pentes de 10 millimètres. »

La Compagnie ne tint aucun compte des réserves de M. Vernis et fit étudier par un de ses ingénieurs un autre tracé plus long, plus coûteux. Elle proposa d'office son projet, en appuyant sa proposition de considérations qu'il importe de rappeler :

« Sans doute, disait M. le directeur de la Compagnie dans son « rapport du 24 octobre 1854, on ne considère plus aujourd'hui « comme une difficulté sérieuse de franchir des rampes de 0,006, « de 0,007 et même de 0,008; mais il faut considérer que le che-« min de Dijon à Belfort, principalement destiné au transport « des marchandises, ne présente dans toute son étendue que des « pentes et des rampes de 0,005, sauf quelques exceptions sur « des longueurs insignifiantes aux abords des stations. *Il paraît « donc convenable de ne pas renoncer à cette condition avan-« tageuse du profil en long, afin de pouvoir remorquer partout « des trains assez lourds sans recourir à l'emploi de machines*

« *exceptionnelles ou de machines de renfort. Ajoutons que le*
« *chemin de Dijon à Belfort doit être exploité sur une seule*
« *voie, et que c'était un motif de plus pour éviter des rampes*
« *exceptionnelles sur lesquelles les trains seraient exposés à s'ar-*
« *rêter dans les circonstances atmosphériques désavantageu-*
« *ses.* »

Les termes de ce rapport étaient exclusifs de l'usage des tolérances réservées par le traité du 24 février et rendaient toute in-
sistance nouvelle superflue, et comme l'entrepreneur, aux termes
du nouveau traité, avait abdiqué son indépendance au profit de
la Compagnie, il dut obéir et se conformer aux prescriptions de
cette dernière, soit pour les projets des deux premières sections,
soit pour ceux des sections suivantes. N'eût-il pas été puéril, en
effet, de proposer des pentes de 0,010, puisque celles de 0,008 et
même celles de 0,005 avaient été repoussées.

La Compagnie, comme on le voit, ne se conformait ni au traité
du 24 février, ni même à celui du 27 septembre ; elle n'acceptait
d'autre règle que son intérêt.

En présence de ces faits, le reproche que la Compagnie
adresse à l'entrepreneur de ne s'être pas prévalu du bénéfice du
traité du 24 février ne peut être sérieux.

Nous sommes autorisés à conclure de ce qui précède que rien
dans les circonstances qui ont accompagné le traité du 24 février 1854 ou qui l'ont suivi ne révèle de la part des parties con-
tractantes une intention contraire au texte positif de ce traité.

En droit, ce premier chef de réclamation est donc complète-
ment justifié.

En équité, il ne l'est pas moins. Voici comment M. l'arbitre
rapporteur l'apprécie à ce point de vue :

« Au point de vue de l'équité, dit-il, quoi de plus naturel que
cette réparation? Par la volonté formellement exprimée de la
Compagnie et afin de réduire, dans une proportion notable, les

frais d'exploitation, les entrepreneurs ont exécuté un chemin de fer dans des conditions beaucoup plus dispendieuses que celles auxquelles ils étaient tenus, et leur fortune y a passé ! N'est-il pas équitable que la Compagnie paie l'excédant des travaux qu'elle a exigés, dont elle profitera, et répare de cette manière le dommage qu'elle a causé?

« Poser la question, c'est la résoudre. »

Le montant de ce premier chef de réclamation s'élève à 3,326,415 fr. 38 c.

Il n'est pas possible de résumer dans cette note le travail qui a servi à établir ce chiffre; les demandeurs ne peuvent que s'en référer, à cet égard, aux pièces justificatives et au Rapport. Ils se bornent à l'appréciation qui a été faite de cette évaluation par M. l'arbitre rapporteur.

« L'entreprise demande, toute erreur rectifiée, dit-il, 3,326,415 fr. 58 c., somme qui, répartie sur 96 kilomètres de longueur sur la ligne, donne, en nombre rond, une augmentation de 34,500 fr. par kilomètre. Or, suivant notre appréciation, dans un pays aussi accidenté que celui que traverse le chemin de fer, il doit y avoir 40 à 50,000 fr. de différence par kilomètre entre la dépense d'un chemin de fer avec pentes de 5 millimètres et courbes de 4 à 500 mètres et celle d'une ligne ou l'ingénieur userait à son gré des pentes de 10 millimètres et des courbes de 350 mètres... Nous avons examiné les devis des variantes présentées par l'entreprise et ils nous ont paru établis avec beaucoup de soin et de conscience par M. Vernis, qui les a signés... Nous concluons à l'adoption pure et simple du chiffre « de l'entreprise. »

DEUXIÈME CHEF.

Travaux divers faits en dehors du forfait.

L'article 7 du traité du 27 septembre 1853 portait que « les

« travaux d'art seraient projetés et exécutés dans les meilleures
« conditions de convenance et de solidité. »

La Compagnie s'est fondée sur cet article pour exiger en toutes
circonstances que les travaux fussent effectués dans les meilleures conditions possibles et avec un luxe de précautions et de solidité excessives, sans tenir compte de la nature du chemin qu'il
s'agissait de construire, qui est un chemin de deuxième ordre. De
telle sorte que les entrepreneurs ont été dans la nécessité, pour
un prix limité dans le forfait, de subir toutes les exigences de la
Compagnie, qui, pendant tout le cours des travaux, s'est consti-
tuée seule juge des obligations des entrepreneurs.

**Les entrepreneurs ont énuméré les divers travaux qui ont été
exigés en dehors des obligations résultant du forfait** (voir sur ce
point les pièces justificatives et le rapport de M. l'arbitre). Ils
s'élèvent à la somme de 1,603,390 fr. 37 c., sur lesquels la Compagnie reconnaît qu'elle doit 453,753 fr. 82 c., ce qui réduit la
réclamation sur ce chef à 1,149,637 fr. 55 c.

Nous croyons devoir nous borner, pour la justification de cette
partie de la demande, à citer l'avis de M. l'arbitre rapporteur et
les raisons d'équité et de bon sens qui l'appuient.

« On doit comprendre que dans toute convention les droits et
les obligations de chacun sont forcément limités par certaines
clauses, sans quoi il n'y aurait pas de convention possible. Or,
dans l'espèce, la seule limite posée par l'acte aux obligations du
forfait et aux exigences de la Compagnie est précisément fixée par
ces seuls mots : les meilleures conditions de convenance et de solidité ; c'est tout ce que l'on pouvait mettre dans une convention
faite avant que les tracés fussent étudiés, avant qu'aucun projet
ne fût arrêté, mais, en définitive, l'expression est très-vague, et,
avant d'en faire l'application au cas qui nous occupe, il faut que
le sens en soit déterminé aussi exactement que possible.

« Et d'abord, il est de principe que les conditions qui figurent dans un marché ne devant s'entendre que de la nature de l'objet pour lequel on traite, ces mots : Les meilleurs conditions de convenance et de solidité, ne peuvent avoir ici un sens absolu, mais seulement un sens relatif à l'espèce de chemin de fer à construire ; c'est à cette seule condition qu'ils peuvent être une limite aux droits de l'un et aux obligations de l'autre.

« Il y a, en effet, des chemins de fer de toute espèce, comme il y a des routes impériales, départementales, des chemins vicinaux de grande ou de petite communication, etc. Qu'un entrepreneur traite à forfait, sans tracé et sans projets arrêtés à l'avance, ici d'une route impériale, et là d'un chemin vicinal, que la première lui soit payée 100 fr par mètre courant, et le second seulement 50 fr. ; que dans l'un et l'autre cas le marché stipule que le travail sera exécuté dans les meilleures conditions de convenance et de solidité, il est bien clair que ces conditions, dites les meilleures, ne peuvent pas être les mêmes dans les deux cas ; que, dans le premier, on devra être beaucoup plus exigeant envers l'entrepreneur que dans le second, parceque les meilleures conditions de convenance et de solidité ne sont pas les mêmes pour une route impériale que pour un chemin vicinal.

« Il en est des chemins de fer comme des routes ; il y a les grandes lignes, comme celle de Lyon, par exemple, celles qui sont à deux voies et pour lesquelles l'État exige, sauf exception forcée, de faibles pentes et des courbes à grand rayon ; et il y a des lignes secondaires que l'on fait à une voie et sur lesquelles l'État, dans les pays difficiles, tolère, comme sur la ligne de Besançon à Belfort, de petites courbes et fortes pentes. Sur les premières, qui sont destinées à un grand produit, la Compagnie entendait les conditions de convenance et de solidité de la façon la plus absolue, c'est-à-dire qu'à prix d'argent on obtient tout ce qui peut favoriser la commodité et l'économie de l'exploitation, de l'entretien, et dans la crainte de ne pas faire assez solide, on fait généralement plus solide que cela n'est nécessaire.

« C'est d'après ces principes qu'on a construit la ligne de Paris à Lyon, qui a coûté plus de 600,000 fr. par kilomètre, et, sauf le chemin de fer de Lyon à Marseille, il n'y a peut-être pas une seule ligne en France où ils aient été appliqués d'une façon aussi large.

« Les meilleures conditions de convenance et de solidité ne peuvent pas s'entendre de la même façon sur les lignes secondaires; on est tenu, en raison de leur faible trafic, de les faire exécuter pour 200,000 ou 250,000 fr. par kilomètre; il faut donc y faire des travaux solides, mais pas plus que suffisamment solides : il faut que l'exploitation et l'entretien y soient dans de bonnes conditions, mais sans atteindre à la perfection; en un mot, il faut faire le mieux possible pour l'argent qu'on y dépense, et dès lors, sans peut-être avoir fait un chemin qui défie toutes les éventualités, on aura, suivant nous, réalisé les meilleures conditions relatives de convenance et de solidité.

« Ces mêmes considérations s'appliquent à tous les travaux en particulier; ainsi, de la maçonnerie jugée médiocre pour un grand travail d'art, pont ou viaduc, pourrait être trouvée excellente dans un petit aqueduc ou un mur... Cela se comprend sans peine.

« C'est bien ainsi, et il ne saurait en être autrement, que les ingénieurs des Compagnies entendent les choses, quand ils sont tenus par un budget qu'ils ne peuvent pas dépasser; mais quand ils se trouvent en présence d'un forfait, quand ils ne sont pas responsables de la dépense, quand il leur suffit d'ordonner et que c'est l'entrepreneur qui doit payer, il est rare que le désir de bien faire, de faire le mieux possible pour leur honneur et l'intérêt de la Compagnie, ne les entraîne pas souvent un peu au-delà des limites de la stricte équité. D'autre part, l'entrepreneur se trouve dans des dispositions exactement contraires, et comme dans le marché, rien n'est défini, que tout dépend d'une mutuelle entente entre les parties, il est rare qu'il ne s'élève pas des contestations qui viennent toujours se dénouer devant les Tribunaux. »

Dans l'application qu'il a faite de chacun des articles compris dans ce deuxième chef de demande, M. l'arbitre rapporteur a cru devoir en réduire le chiffre à la somme de 983,647 fr. 51 c., sur lesquels la Compagnie reconnaît devoir 453,753 fr. 82 c.

C'est ici une question de détail et d'examen. Les demandeurs espèrent démontrer au Tribunal que la totalité de leurs réclamations doit leur être allouée.

TROISIÈME CHEF.

Intérêts des à-compte payés tardivement. — Retards dans l'exécution des travaux, occasionnés par le fait de la Compagnie, et perte proportionnelle de la prime. — Préjudice moral causé à l'entreprise.

1° Intérêt des sommes tardivement payées.

La Compagnie reconnaît que s'il résulte du décompte à établir en exécution de la sentence du Tribunal qu'elle est débitrice de de l'entreprise, les sommes qu'elle sera reconnue lui devoir devront lui produire intérêt à partir de l'époque où elles auraient dû être payées. Il y aura à en faire le décompte ;

2° Par la convention verbale du 17 octobre 1856, la somme de 475,000 fr. accordée aux entrepreneurs pour assurer l'exécution des travaux avant le 1er janvier 1858, devait décroître de 2,500 fr. par chaque jour de retard.

Les travaux ayant été retardés par le fait de la Compagnie de quatre-vingt-dix jours, l'entreprise a demandé de ce chef 225,000 fr.

L'arbitre rapporteur est d'avis d'allouer 40,000 fr.

La Compagnie ne reconnaît devoir que 10,000 fr.

Les demandeurs espèrent démontrer que cette allocation n'est pas suffisante.

3

3° Les entrepreneurs ont demandé enfin, pour réparation du préjudice moral, etc., 500,000 fr.

L'arbitre rapporteur a rejeté cette réclamation.

Le Tribunal y fera droit, quand il aura pu apprécier dans leur ensemble tous les détails de cette affaire.

§ II.

Fins de non-recevoir opposées par la Compagnie.

Nous ne dirons que quelques mots de ces fins de non-recevoir qui ne nous paraissent pas mériter une réfutation sérieuse :

1° La Compagnie oppose d'abord l'article 1793 du Code Napoléon.

Rép. Cet article n'est pas applicable à l'espèce par la double raison que le forfait n'avait pas été conclu sur un plan convenu et arrêté entre les parties, et que les travaux supplémentaires ont été exécutés sur la demande et conformément aux prescriptions de la Compagnie. Le point de droit est incontestable. (Voir arrêt de la Cour de cassation du 28 janvier 1846, S. 46, 1, p. 635.)

2° Elle oppose ensuite une convention du 28 janvier 1856.

La Compagnie prétend que cette convention « règle toutes les difficultés qui ont pu se présenter entre les parties depuis l'origine des travaux, ou qui pourraient se présenter jusqu'à leur entier achèvement. »

Rép. Nous nous demandons s'il est utile de répondre à une objection aussi futile ! Le passage du traité du 26 janvier dont la Compagnie veut argumenter porte que M. Lacroix s'interdit de demander à la Compagnie aucune indemnité *pour les cas de force majeure, épidémie, renchérissement de la main-d'œuvre et des matériaux, la tranchée de Clerval exceptée.*

C'est de cette phrase relative exclusivement au cas de force majeure, épidémie, enchérissement de la main-d'œuvre et des matériaux qu'on veut faire résulter une renonciation aux réclamations ayant pour objet le prix des travaux exigés en dehors des conditions du forfait.

Nous renvoyons, du reste, au Rapport, pages 170 à 175, où le sens et la portée de ce traité du 26 janvier 1856 sont déterminés avec soin et précision, et l'objection de la Compagnie réduite à sa valeur exacte.

3° La Compagnie oppose enfin deux lettres de M. Lacroix des 2 novembre et 9 décembre 1855. Dans la première, M. Lacroix dit : « Je ne vois rien dans mon traité qui soit susceptible de ré- « clamations..... » Dans la seconde, il exprime son désir de terminer toutes les difficultés pendantes relatives, soit à la ligne de Dijon, soit à celle de Belfort.

Rép. Il suffit de lire ces lettres et de les rapprocher du traité du 26 janvier 1856, dont elles sont les préliminaires, pour rester convaincu que les difficultés dont il est question n'avaient nullement pour objet les réclamations qui sont en discussion dans le procès actuel. Ajoutons d'ailleurs que, d'une part, les renonciations à un droit ne se présument pas et ne peuvent résulter que d'une volonté clairement et positivement exprimée, et, d'autre part, que les transactions se renferment dans leur objet et ne règlent que les différends qui s'y trouvent compris. (Voir articles 2048 et 2049 du Code Napoléon.)

(Voir d'ailleurs les explications contenues dans le Rapport, p. 173 à 175.)

M. le rapporteur termine ces explications par la réflexion suivante : « Que l'on nous permette, dit-il, de placer ici une dernière observation, c'est que le système de défense de la Compagnie est toujours le même : partout et toujours elle entend annuler les termes des conventions, en invoquant les prétendues intentions des parties... On sait maintenant ce que valent ces moyens de défense. »

Ces trois fins de non-recevoir doivent donc être écartées.

§ III.

Décompte général de l'Entreprise au 15 juillet 1858.

DÉSIGNATION.	SOMMES.		
	demandées par l'Entreprise.	accordées par la Compagnie.	allouées par le rapport de l'arbitre.
	fr. c.	fr. c.	fr. c.
Montant du forfait.................	21,000,000 »	21,000,000 »	21,000,000 »
Dépenses supplémentaires reconnues par la Compagnie :			
Matériel de Dijon à Gray. 637,335 80.			
Traverses et coussinets.. 135,270 30.	772,606 »	772,606 »	772,606 21
Indemnités réclamées :			
1re Série............ 3,326,415 33.			3,326,415 »
2e Série............ 1,603,390 37.	6,023,991 73	453,753 »	953,647 »
3e Série...... ...... 1,094,183 00.		10,000 »	409,900 »
Totaux...	27,796,597 94	22,236,359 »	26,462,568 21

Différence entre la somme demandée et la somme offerte
. . . . 5,560,238 fr. »

Différence entre la somme demandée et
celle accordée par le Rapport. . . . . 1,334,029 »

Différence entre la somme offerte et celle
proposée par le Rapport. . . . . . . 4,230,194 »

La Compagnie avait payé le 15 juillet
1858. . . . . 23,050,478 99

Elle a pris à sa charge des travaux faisant partie du forfait pour. 425,107 73

Ensemble. . . . 23,475,586 72

De telle sorte que, d'après les évaluations du Rapport, elle restait devoir au 15 juillet 1858   2,986,981   »

Depuis le 15 juillet 1858 jusqu'au 20 janvier 1859, la Compagnie a payé en plus. .   392,877   »

La Compagnie reste donc devoir au 20 janvier 1859, sauf le décompte d'intérêts depuis le 15 juillet à ajouter :

D'après les prétentions de l'entreprise .   3,928,134   »

D'après les évaluations du Rapport . .   2,594,104   »

OBSERVATIONS. Ne sont pas comprises dans les chiffres ci-dessus les indemnités pour fournitures des excédants de terrain et de matériel des voies, lesquels sont réservées dans le Rapport et font l'objet d'un arbitrage particulier.

§ IV.

Destruction du forfait.

Les entrepreneurs ont le droit de ne pas s'en tenir à ces demandes d'indemnités spéciales. Ils sont autorisés à demander que les travaux exécutés par eux leur soient payés sur séries.

D'après leur marché, ils devaient faire, à forfait, et moyennant un prix déterminé, le chemin de Besançon à Belfort qui est un chemin de second ordre ; ils avaient le droit de porter les pentes jusqu'à 0,010, et les courbes jusqu'à 350 mètres de rayon.

D'après les faits reconnus par le rapport et d'ailleurs incontestés, la Compagnie a formellement interdit les pentes au-dessus de 5 millimètres, et les courbes d'un rayon inférieur à 500 m. ; de plus, tous les travaux ont été exigés dans les meilleures conditions possibles comme pour un chemin de fer de premier ordre. (V. les passages du rapport cités plus haut pages 12 et 16.)

Les conditions essentielles du marché ont été changées.

C'est un chemin tout autre que celui qui avait été entrepris qui a été exécuté : ils ont de commun le nom, mais ils diffèrent radicalement quant aux travaux.

Or, on ne peut pas admettre, légalement et équitablement, qu'un forfait souscrit pour des travaux déterminés, puisse être applicable à des travaux essentiellement différents.

Les entrepreueurs ont donc le droit de demander que le forfait soit considéré comme non existant et d'exiger que le prix de leurs travaux soit fixé sur séries.

Les indemnités partielles qui font l'objet du rapport de M. l'arbitre-rapporteur, ne peuvent réparer complétement le préjudice causé à l'entreprise par les exigences de la Compagnie. M. l'ingénieur Vernis a été chargé d'évaluer les économies légitimes que les constructeurs auraient pu faire en usant, en droit et en raison, des tolérances du cahier des charges et de la convention, en exécutant les travaux dans les conditions ordinaires d'un chemin de second ordre; mais, pressé par les délais impartis par l'arbitre, il n'a fait son travail que sur quelques points principaux qui ont seuls servi de base aux indemnités approuvées par le rapport; tandis qu'il aurait dû faire le même travail sur tout le parcours de la ligne. Il est facile de comprendre, d'après cela, que l'indemnité que le rapport propose d'allouer aux entrepreneurs, est loin de les indemniser suffisamment, ainsi que M. l'arbitre rapporteur l'a reconnu lui-même dans le passage du rapport cité plus haut, page 13 de la présente note.

Les entrepreneurs acceptent pour l'évaluation de leurs travaux, les séries appliquées par la Compagnie de Lyon elle-même aux travaux analogues, ou toute autre série qui serait établie par un ou plusieurs experts choisis par le Tribunal.

Quoi de plus équitable d'ailleurs qu'une semblable solution. — On ne saurait en effet comprendre que la Compagnie refusât de payer les travaux qui ont été exécutés pour son compte, et ce aux prix déterminés par les séries de ses propres ingénieurs, elle ne peut être engagée à ce refus que par la conviction que les travaux exécutés valent beaucoup plus que le prix même *proposé par M. l'arbitre-rapporteur.*

En résumé, la Compagnie de Lyon refuse de payer les travaux supplémentaires qu'elle a prescrits en dehors du forfait ;

Elle refuse aussi de payer les travaux exécutés évalués conformément à ses propres séries de prix ;

C'est-à-dire qu'elle veut profiter des travaux qu'elle a ordonnés et les laisser à la charge des constructeurs.

Elle ne cherche même pas à dissimuler le but qu'elle se propose : elle espère que les entrepreneurs ne pourront pas faire, ou feront péniblement, les avances ou les sacrifices d'un procès qui nécessite des déboursés considérables ; que, fatigués de délais et de chicanes et pressés de besoins d'argent, ils viendront à composition. Ce calcul lui a déjà réussi : dans une autre circonstance, elle a obligé M. Lacroix à réduire de près de 900,000 francs le montant d'une sentence dont il n'aurait pu demander l'exécution qu'au moyen de frais dont il ne pouvait pas faire l'avance. Elle compte sur le même résultat.

Le Tribunal appréciera.

Les demandeurs ont foi en sa justice.

HUNEBELLE frères,   Julien LACROIX.

Imprimerie de A. GUYOT et SCRIBE, imprimeurs de l'Ordre des avocats au Conseil d'Etat et à la Cour de cassation, rue Neuve-des-Mathurins, 18.